RÈGLEMENT GÉNÉRAL

POUR

LES PRISONS DÉPARTEMENTALES.

PARIS,

IMPRIMERIE ADMINISTRATIVE DE PAUL DUPONT.

Rue de Grenelle-Saint-Honoré, 55, Hôtel des Fermes.

—

1841

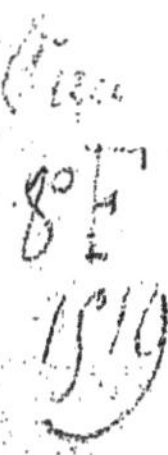

RÈGLEMENT GÉNÉRAL

POUR

LES PRISONS DÉPARTEMENTALES.

CHAPITRE Iᵉʳ.

EMPLOYÉS.

ARTICLE PREMIER.

Le personnel des maisons d'arrêt, des maisons de justice et des maisons départementales de correction se compose, suivant l'importance des établissements, d'un directeur, d'un commis-greffier, d'un gardien-chef, d'un ou de plusieurs gardiens, de sœurs religieuses ou surveillantes; d'un médecin, d'un aumônier, d'un instituteur, et de tous autres employés ou agents que l'autorité administrative juge utile de préposer au service des prisons.

ART. 2.

Le nombre des employés, gardiens et autres agents, et le traitement attribué à chaque emploi, sont réglés par le ministre, pour chaque prison, sur la proposition du préfet.

A la fin de chaque période de cinq années, les gardiens qui pendant ce temps auront fait, dans la même prison, un service exact, et sans avoir encouru de punition grave, auront droit à une augmentation de traitement de vingt-cinq francs.

Cette augmentation pourra être retirée aux gardiens qui, après l'avoir obtenue, se rendront coupables d'insubordination ou de toute autre faute grave.

Art. 3.

Les dénominations de geôlier, guichetier et autres, cesseront d'être employées.

Art. 4.

Le directeur est nommé par le ministre, sur la présentation du préfet, l'avis du maire et celui de la commission de surveillance.

Son traitement ne peut être au dessous de *deux mille* francs.

Art. 5.

Les autres employés du service administratif et les gardiens sont nommés et révoqués par le préfet. Néanmoins, tout arrêté de révocation n'est définitif que par l'approbation du ministre.

Art. 6.

Toute admission à la retraite d'un employé ou gardien doit être préalablement autorisée par le ministre, sur un rapport motivé du préfet.

§ 1er.

Du Directeur et du Commis-Greffier.

Art. 7.

Le directeur donne son avis dans tous les cas où la commission de surveillance est appelée, par le présent réglement, à donner le sien.

Art. 8.

L'action du directeur s'étend à toutes les parties du service. Tous les employés lui sont subordonnés et doivent lui obéir.

Art. 9.

Le directeur est chargé, sous l'autorité du maire et la surveillance de la commission :

1° De l'exécution des réglements généraux et particuliers, et de la police de la prison ;

2° De veiller à l'exécution des marchés pour les diverses fournitures ;

3° De désigner les détenus qui peuvent être employés au service de la prison et de l'entreprise ;

4° D'ordonner le classement des prisonniers, conformément aux lois et réglements ;

5° De l'examen de la correspondance des détenus, à l'arrivée et au départ.

Art. 10.

Le directeur est spécialement chargé de tout ce qui concerne les travaux industriels des prisonniers, du classement des ouvriers dans les ateliers, de l'exécution et de l'application des tarifs de main-d'œuvre arrêtés par le préfet. Il assiste à toutes les réceptions d'ouvrages, reçoit les réclamations relatives aux travaux industriels, et statue, sauf l'approbation du préfet ou du sous-préfet, sur les réductions du prix de main-d'œuvre demandées pour mal-façons, soustraction ou dégradation de matières premières, métiers, outils ou ouvrages confectionnés.

Art. 11.

Le directeur tient un registre de tous les effets d'habillement et de literie à l'usage des détenus, et un état de tous les meubles et autres objets appartenant à l'administration.

Il tient un registre, par compte ouvert, de l'argent de dépôt et des bijoux de chaque détenu.

Il tient également la comptabilité des ateliers, et un registre par compte ouvert à chaque ouvrier.

Il peut être chargé, par arrêté du préfet, de la tenue des caisses.

Art. 12.

Dans les maisons où il sera nécessaire de nommer un commis-greffier, le préfet déterminera les écritures dont cet employé sera spécialement chargé.

§ 2.

Du Gardien-Chef.

Art. 13.

Nul ne pourra être appelé aux fonctions de gardien-chef,

1° S'il ne sait lire, écrire et compter ;

2° S'il n'est âgé au moins de trente ans, et s'il en a plus de quarante, à moins d'autorisation spéciale accordée par arrêté du ministre.

Le minimum de son traitement est de *six cents* francs.

Le gardien-chef est toujours logé dans la prison.

Art. 14.

Le gardien-chef tient les registres d'écrou prescrits par le Code d'instruction criminelle, savoir :

Un registre pour la maison d'arrêt ;

Un pour la maison de justice ;

Un pour la maison de correction.

Tous ces registres sont tenus séparément et conformément aux instructions ministérielles des 26 août 1831 et 4 janvier 1832.

Les gardiens-chefs tiennent en outre, suivant la prison dont la garde leur est commise, des registres d'écrou séparés, savoir :

Pour les détenus pour dettes envers les particuliers ;

Pour les passagers civils;

Pour les passagers militaires ;

Pour les condamnés en matière de simple police.

Art. 15.

Indépendamment de la garde des prisonniers et du maintien du bon ordre et de la décence dont il est plus particulièrement chargé, le gardien-chef veille à ce que le service de propreté se fasse exactement dans toutes les parties de la maison.

Art. 16.

Il veille à ce que les effets des prisonniers qui sont mis en magasin soient préalablement lavés, nettoyés, raccommodés, mis en paquets et étiquetés.

Art. 17.

Dans les prisons où il n'y a pas de directeur, le gardien-chef prend communication des lettres écrites ou reçues par les détenus, à l'exception de celles qu'ils ont à adresser à l'autorité administrative ou à l'autorité judiciaire, aux avocats et avoués chargés de leur défense.

Art. 18.

Les enfants du gardien-chef ne doivent jamais entrer dans les cours, préaux, ateliers, infirmeries, dortoirs et autres lieux occupés par les détenus.

Il en est de même de sa femme, hors le cas prévu par l'art. 27 du présent réglement.

Art. 19.

Dans aucun cas et sous aucun prétexte, le gardien-chef ne peut recevoir les détenus dans son logement.

Art. 20.

Le gardien-chef est tenu, à quelque heure de la nuit ou du jour que ce soit, de remettre, sans le moindre retard, au fondé de pouvoirs de l'entrepreneur du transport cellulaire, les condamnés désignés pour partir les premiers, ainsi que les extraits des jugements et arrêts de condamnation qui les concernent.

Art. 21.

Il est interdit au gardien-chef de remettre à l'entreprise du service des voitures cellulaires aucun condamné malade ou en état d'ivresse. Il ne pourra, non plus, lui remettre aucune femme allaitant son enfant, ou se trouvant dans un état de grossesse apparente, à moins que, dans ce dernier cas, le médecin de la prison n'ait certifié que le transfèrement peut avoir lieu sans danger pour la santé de la femme enceinte.

Art. 22.

Le gardien-chef remet aux chefs d'escorte ou aux fondés de pouvoirs de l'entrepreneur du transport cellulaire un état des vêtements appartenant à chaque prisonnier transféré.

Art. 23.

En cas de décès d'un détenu, le gardien-chef en fait mention en marge de l'acte d'écrou, conformément à l'article 84 du Code civil. Il en donne avis au maire qui, de son côté, fait constater les effets, papiers, argent, etc., laissés par le défunt.

Il informe, en outre, l'autorité judiciaire du décès de tout prévenu ou accusé.

Art. 24.

Dans les prisons où il n'y a pas de directeur, le gardien-chef est responsable des meubles et effets mentionnés dans l'article 11.

Il peut être chargé, par arrêté du préfet, de la comptabilité des ateliers et de celle de la caisse des dépôts.

§ 3.

Gardiens ordinaires et Portiers.

Art. 25.

Les gardiens ordinaires et portiers ne peuvent être nommés avant vingt-cinq ans et après quarante, à moins d'autorisation spéciale du ministre : ils devront savoir lire et écrire.

Leur traitement ne peut être au dessous de *quatre cents* francs.

Art. 26.

Les gardiens sont placés immédiatement sous les ordres du gardien-chef, et doivent se conformer exactement à tout ce qu'il leur prescrit.

Ils sont responsables des dégradations aux bâtiments et autres dégâts de toute sorte commis par les détenus, lorsqu'ils ont eu connaissance de ces faits et qu'ils ne les ont pas signalés sur-le-champ au gardien-chef.

§ 4.

Surveillantes.

Art. 27.

Les quartiers habités par les femmes ne peuvent être surveillés que par des personnes de leur sexe, lesquelles y sont chargées des fonctions que les gardiens remplissent dans les quartiers des hommes.

Dans les prisons où, en raison du petit nombre habituel des femmes détenues, il ne serait pas nécessaire d'établir des surveillantes spéciales, la femme ou toute autre parente du gardien-chef, dûment autorisée à cet effet par le préfet, pourra être chargée d'exercer la surveillance dans le quartier des femmes.

Le traitement des surveillantes ne peut être au dessous de *deux cent cinquante* francs.

Art. 28.

Les surveillantes reçoivent, comme les gardiens, les ordres du gardien-chef qui, seul de tous les préposés du service de sûreté, pourra entrer dans le quartier des femmes, à moins de circonstances extraordinaires dont il sera rendu compte au maire.

Art. 29.

Dans les prisons où il n'y a pas de sœurs religieuses, les surveillantes sont chargées, en totalité ou en partie, des fonctions attribuées aux sœurs.

Art. 30.

Les attributions des sœurs religieuses sont déterminées par un arrêté du préfet, approuvé par le ministre.

§ 5.

Du Commissionnaire et du Barbier.

Art. 31.

Dans les prisons où il n'y a pas de fournisseur chargé de procurer aux détenus les aliments supplémentaires ou autres articles accessoires autorisés par le présent réglement, les commissions des détenus sont faites par un commissionnaire désigné par le préfet.

Tous les jours, à l'heure fixée par le réglement particulier de la prison, le commissionnaire reçoit du gardien-chef la note des commissions à faire.

Au retour du commissionnaire, le gardien-chef remet ou fait remettre aux détenus, par les gardiens sous ses ordres, les objets qu'il aura reconnus conformes à l'autorisation accordée.

Art. 32.

Il est défendu au commissionnaire d'entrer dans l'intérieur de la prison et de communiquer directement avec les détenus.

Il lui est également défendu, sous peine de destitution, de faire aucun bénéfice sur le prix de vente des objets qu'il aura achetés pour les détenus.

Art. 33.

Un ou plusieurs barbiers, salariés par l'administration, sont attachés à chaque prison, où ils se rendent aux jours et heures fixés par le réglement.

§ 6.
Dispositions communes aux paragraphes précédents.

Art. 34.

Le directeur, le gardien-chef et les gardiens auront un uniforme, qu'ils seront tenus de porter constamment dans l'exercice de leurs fonctions.

Il y aura, dans l'uniforme, une marque distinctive :

1º Pour les gardiens des chefs-lieux de département, et pour les gardiens des chefs-lieux d'arrondissement qui seront le siége d'une maison de justice ou d'une maison centrale de correction pour le département ;

2º Pour les gardiens des chefs-lieux d'arrondissement.

Les dispositions ci-dessus sont applicables aux surveillantes.

L'uniforme déterminé par le ministre sera le même dans tout le royaume.

Art. 35.

Le gardien-chef et les gardiens étant exclusivement préposés à la surveillance et au service intérieur de la prison, ils n'en peuvent jamais être détournés, sous aucun prétexte et à aucun titre, pour quelque service extérieur que ce soit.

Ils ne pourront non plus exercer aucune autre fonction.

Art. 36.

Lorsqu'il n'y a pas de directeur, les absences momentanées du gardien-chef et des gardiens sont autorisées par le maire. Les congés sont accordés par le préfet.

Les gardiens ne peuvent sortir de la prison sans la permission du gardien-chef, et celui-ci ne peut découcher sans y être autorisé par le maire ou par le directeur.

Art. 37.

Si la prison a un directeur, les punitions sont prononcées par lui, sur le rapport du gardien-chef et après avoir entendu le détenu.

Lorsqu'il n'y a pas de directeur, le gardien-chef qui inflige une punition à un détenu, doit en référer au maire dans les vingt-quatre heures au plus tard.

Art. 38.

Le gardien-chef tient un registre des punitions. Les motifs de chacune y sont énoncés et visés par le maire, en regard du nom du détenu puni.

Art. 39.

Hors les cas de permissions délivrées par le préfet ou par le sous-préfet, et dont le maire sera toujours informé, aucune personne étrangère à l'administration de la prison ou à la surveillance légale des détenus ne pourra visiter la prison ou les prisonniers, sans une permission écrite du maire.

Cette permission sera un ordre obligatoire pour le gardien, à moins que le détenu désigné dans le permis ne soit en punition, et sans préjudice des ordres qui auraient pu être donnés par le juge d'instruction ou par le président des assises, en vertu de l'article 613 du Code d'instruction criminelle.

Art. 40.

Aucun objet, de quelque nature qu'il soit, ne peut être introduit dans la prison ou en sortir, qu'après avoir été visité par le gardien.

Le gardien prend la même précaution pour tout ce que les détenus reçoivent du dehors.

Art. 41.

Il est expressément défendu à tout employé, gardien ou préposé :

D'occuper des détenus pour son service particulier ;

De recevoir aucun présent d'eux ou de leurs parents ;

De leur vendre quoi que ce soit, ni faire pour eux aucune commission ;

De faciliter leur correspondance ou l'introduction de vivres, boissons ou tous autres objets prohibés ;

D'influencer directement ou indirectement les prévenus et les accusés sur le choix de leurs défenseurs ;

De boire ou de manger avec les détenus ou avec leurs parents, sans en excepter les détenus pour dettes, qui ne pourront prendre leurs repas ni avec le gardien, ni dans son logement ;

De retarder, par faveur, le départ de condamnés désignés par l'autorité administrative pour être transférés les premiers aux bagnes ou aux maisons centrales de détention ;

Enfin, de tutoyer les prisonniers et d'avoir avec eux aucune sorte de conversation familière.

Art. 42.

Tout gardien qui contreviendra aux prohibitions de l'article précédent, ou à celles du réglement particulier de chaque prison, sera puni de la mise aux arrêts ou de la suspension de ses fonctions, avec ou sans privation de traitement, ou bien encore de la révocation, selon la gravité des circonstances, ou en cas de récidive.

Art. 43.

Tout gardien qui se sera mis en état d'ivresse sera destitué.

§ 7.

Médecins et Pharmaciens.

Art. 44.

Le service de santé est fait par un médecin nommé par le préfet. Ce médecin ne peut faire partie de la commission de surveillance de la prison.

En cas d'absence ou d'empêchement, il sera remplacé par le médecin qui aura été désigné par le préfet ou par le sous-préfet.

Art. 45.

Le médecin est tenu de faire, chaque jour, une visite dans la prison.

Art. 46.

Les prescriptions du médecin sont toujours faites par écrit.

Elles sont remises, par les soins du directeur ou du gardien-chef, après avoir été revêtues de son *visa*, au pharmacien chargé de la fourniture des médicaments, lequel doit toujours et nécessairement les reproduire à l'appui de ses mémoires.

Art. 47.

Le médecin visite la prison, les ateliers, les dortoirs, les lieux de punition, etc., etc., au moins tous les quinze jours.

Il propose des fumigations et autres moyens de salubrité, toutes les fois qu'il le juge nécessaire.

Il est tenu de consigner ses observations sur un registre *ad hoc*.

Art. 48.

A l'expiration de chaque année, le médecin fait un rapport sur les maladies qui ont régné dans la prison et sur leurs causes. Le rapport est adressé au sous-préfet qui le transmet au préfet.

§ 8.

Aumônier et Instituteur.

ART. 49.

Un aumônier, nommé par le préfet, sur la proposition de l'évêque, est attaché à chaque prison.

ART. 50.

L'aumônier célèbrera la messe les dimanches et fêtes dans l'établissement. Les heures des offices, des instructions et autres services religieux seront fixées par le réglement particulier.

Il fera aux détenus une instruction religieuse, une fois par semaine au moins, et le catéchisme aux jeunes détenus qui n'auront pas fait leur première communion.

ART. 51.

L'aumônier peut choisir parmi les détenus, et d'accord avec le chef de la prison, les servants de la chapelle.

ART. 52.

L'aumônier visite les infirmeries, et se rend auprès des malades qui le font demander.

Ses visites périodiques dans la prison ont lieu au moins deux fois par semaine.

ART. 53.

L'aumônier est informé de chaque décès.

ART. 54.

Les dispositions ci-dessus sont communes aux ministres des autres cultes.

ART. 55.

Un instituteur, réunissant les conditions d'aptitude et de capacité voulues par la loi du 28 juin 1834, pourra être nommé, par le préfet, dans les prisons dont la population le comportera.

CHAPITRE II.

—

RÉGIME ÉCONOMIQUE.

§ 1er.

Nourriture des valides.

ART. 56.

La nourriture accordée par l'Etat aux prisonniers, dans les maisons d'arrêt, de justice et de correction se compose, savoir :

1º Pour les hommes, d'une ration de pain du poids de 75 décagrammes, et pour les femmes, d'une ration de 70 décagrammes.

Le pain sera de pur froment avec extraction de 10 kilogrammes de son sur 100 kilogrammes de grain mis sous la meule.

Il ne sera distribué qu'après 24 heures de cuisson.

2º D'un litre de bouillon au beurre ou à la graisse, avec des légumes verts ou secs, suivant la saison, le sel et le poivre nécessaires à l'assaisonnement.

La quantité de beurre ou de graisse, et celle des légumes, pour chaque litre de bouillon, sera déterminée par le règlement particulier de la prison.

La soupe sera partagée en deux rations : l'une sera donnée le matin, l'autre le soir.

Les femmes enceintes et les nourrices pourront, sur l'avis du médecin, recevoir une ration supplémentaire.

ART. 57.

Le jeudi ou le dimanche de chaque semaine, il sera servi aux prisonniers, une soupe grasse, dans la composition de laquelle on aura fait entrer, pour chaque prisonnier, 200 grammes de viande de bonne qualité, les légumes, le sel et le poivre nécessaires. La viande provenant de cette soupe sera partagée par portions égales entre tous les détenus.

Il entrera dans chaque ration de soupe grasse ou maigre 90 grammes de pain blanc bien rassis.

Art. 58.

Les prévenus et les accusés peuvent, dans les limites fixées par le règlement de la prison, faire venir du dehors, et à leurs frais, les vivres dont ils auront besoin.

S'ils pourvoient eux-mêmes à leur nourriture, ils cessent d'avoir droit aux vivres de la maison.

Art. 59.

L'usage de l'eau-de-vie et des liqueurs spiritueuses est interdit aux prévenus et aux accusés. Quant au vin et autres boissons fermentées, le règlement particulier de chaque prison déterminera dans quel cas et en quelle quantité ils pourront en faire usage.

Art. 60.

Les détenus pour dettes envers les particuliers peuvent, dans les limites fixées par le règlement de la prison, recevoir leur nourriture du dehors, et en traiter de gré à gré.

Ils peuvent aussi prendre les vivres de la prison, au prix du marché dans le cas d'entreprise, ou au prix fixé par le préfet, dans le cas de régie.

Art. 61.

Toute vente connue sous le nom de *cantine* est prohibée.

Art. 62.

Les condamnés peuvent être autorisés individuellement, par le préfet ou par le sous-préfet, sur l'avis de la commission de surveillance, à recevoir de leurs familles, ou à faire venir du dehors, les aliments dont l'usage aura été autorisé par le règlement de la prison.

Art. 63.

L'usage de l'eau-de-vie, du vin, du cidre, de la bière et de toute autre boisson spiritueuse ou fermentée, est expressément interdit aux condamnés. Il en est de même du tabac.

§ 2.

Vêtement.

Art. 64.

Les prévenus et les accusés conserveront leurs vêtements personnels, à moins qu'il n'en soit autrement ordonné par l'autorité administrative dans un intérêt de police et de propreté, ou par l'autorité judiciaire, dans l'intérêt de l'instruction.

Ils pourront également faire venir du dehors, et à leurs frais, les vêtements dont ils auront besoin.

Art. 65.

Les condamnés correctionnels qui subissent leurs peines dans les prisons départementales seront tenus de porter le vêtement de la maison, excepté ceux qui en seraient expressément dispensés par décision du préfet, sur l'avis de la commission de surveillance.

Art. 66.

Le vêtement de chaque prisonnier se composera :

1º D'un pantalon, d'un gilet et d'une veste d'étoffe de laine, fil ou coton, suivant la saison ;

2º D'une chemise qui sera régulièrement changée tous les huit jours ;

3º D'une paire de sabots.

Art. 67.

Le vêtement des femmes se composera d'une camisole à manches, en laine ou en coton, suivant la saison ; d'un jupon de même étoffe ; d'un jupon de dessous en tissu commun ; d'un fichu pour le col ; d'un autre fichu pour la coiffure de jour ; d'une paire de chaussettes ou de chaussons, d'un tablier pour le travail, de sabots, d'une cornette pour la nuit, et d'une chemise.

Art. 68.

L'administration pourra permettre aux condamnés, pour rai-

2

son de santé, l'emploi de vêtements supplémentaires qui ne changeront rien au costume pénal.

Art. 69.

Les effets des condamnés entrants seront lavés, désinfectés, étiquetés et mis en magasin pour leur être rendus à leur sortie. Des vêtements appartenant à la prison leur seront donnés immédiatement après que les mesures de propreté auront été exécutées à leur égard.

Les effets des prévenus et des accusés seront, en cas de besoin, lavés et désinfectés de la même manière. Des vêtements appartenant à la prison leur seront également donnés, s'il y a lieu.

§ 3.

Coucher.

Art. 70.

Le coucher des prisonniers se composera, pour chacun :

1° D'un hamac ou d'une couchette en bois ou en fer, de 70 centimètres de largeur sur 1 mètre 95 centimètres de longueur, pouvant, au besoin, s'enlever ou se relever pendant le jour;

2° D'une paillasse ;

3° D'un traversin en paille;

4° D'un drap plié en deux, ou de deux draps cousus ensemble dans une longueur de 1 mètre 60 centimètres, et non cousus pour le reste; ces draps seront changés tous les mois;

5° D'une couverture en été, et de deux couvertures en hiver.

La paille des paillasses et des traversins sera renouvelée aussi souvent qu'il sera jugé nécessaire par la commission de surveillance, et suivant ce qui sera déterminé par le règlement particulier de la maison.

Art. 71.

Les prévenus et les accusés spécialement autorisés par le préfet ou par le sous-préfet, sur l'avis de la commission de surveillance, pourront, dans les limites fixées par le règlement particulier de la maison, faire venir du dehors les effets de coucher dont ils désireront faire usage.

Art. 72.

Dans les prisons où il ne pourra y avoir de fournisseur chargé de la location des effets dits de *pistole*, le gardien pourra être autorisé à louer pour son propre compte, aux prévenus et aux accusés qui le demanderont, les meubles, linges et effets de literie à lui appartenant, moyennant une rétribution quotidienne, hebdomadaire ou mensuelle, fixée, pour chaque objet, dans un tarif arrêté par le préfet ou par le sous-préfet, sur l'avis de la commission de surveillance.

En tous cas, le gardien ne pourra accorder aux prévenus et aux accusés, comme chambres de *pistole*, que celles qui auront été spécialement affectées à cet usage par le préfet ou le sous-préfet, également sur l'avis de la commission.

Art. 73.

Les détenus pour dettes envers les particuliers peuvent faire apporter, dans la prison, des meubles et effets de coucher pour leur usage. Mais ils doivent préalablement adresser une demande à cet effet au préfet ou au sous-préfet, qui, sur l'avis de la commission de surveillance, détermineront les objets dont l'introduction sera permise.

Le prix de location des meubles et effets de coucher, que le fournisseur ou le gardien pourra louer aux détenus pour dettes, sera réglé, pour chaque objet, ainsi qu'il est prescrit par l'article précédent.

Art. 74.

La location connue sous le nom de *pistole* est prohibée dans toutes les prisons pour peines.

§ 4.

INFIRMERIE.

Coucher et nourriture des malades.

Art. 75.

Il y aura dans chaque prison deux chambres ou salles d'infirmerie entièrement séparées ; l'une pour les hommes, l'autre pour les femmes.

Art. 76.

S'il y a impossibilité absolue d'établir, dans la prison, des salles d'infirmerie, les prisonniers atteints de maladies graves seront traités dans une salle spéciale de l'hôpital du lieu où est située la prison, conformément à la loi du 4 vendémiaire an VI et au décret du 8 janvier 1810.

Le prix de journée du traitement sera arrêté d'avance, entre la commission administrative de l'hospice et le préfet.

L'ordre de transfèrement à l'hôpital sera délivré par le maire, et d'après le consentement, savoir : du juge d'instruction, s'il s'agit d'un prévenu; du président des assises ou du président du tribunal civil, s'il s'agit d'un accusé, et du préfet ou du sous-préfet, s'il s'agit d'un condamné ou d'un détenu pour dettes.

Art. 77.

Le coucher des malades se compose d'une couchette, d'une paillasse, d'un matelas, d'un traversin, d'une paire de draps de lit, et de deux couvertures.

La paille des paillasses sera renouvelée aussi souvent que le médecin le jugera nécessaire, mais régulièrement après chaque décès.

Le matelas sur lequel un détenu sera décédé sera rebattu, ainsi que le traversin.

Les toiles seront lavées ainsi que les couvertures.

Art. 78.

La nourriture des détenus soignés à l'infirmerie sera fournie, sur les prescriptions du médecin, conformément aux règles suivies dans l'hôpital du lieu.

Art. 79.

Les prisonniers uniquement affectés de maladies cutanées, telles que dartres, gale, teigne, ne recevront que la nourriture des détenus valides.

Art. 80.

En cas de maladie, si les frais de médicaments et de nourriture des détenus pour dettes excèdent le taux de la consignation, la différence sera payée sur le fonds des dépenses ordinaires de la prison.

§ 5.

Chauffage et éclairage.

Art. 81.

Les moyens de chauffage et d'éclairage sont déterminés par le préfet, suivant les localités, sur la proposition du sous-préfet, l'avis du maire et celui de la commission de surveillance.

Les dortoirs communs seront éclairés toute la nuit.

§ 6.

Dispositions diverses.

Art. 82.

Les marchés généraux ou partiels pour toutes les fournitures de nourriture, vêtements, literie, blanchissage, raccommodage, chauffage, etc., seront passés dans les formes réglées par l'ordonnance royale du 4 décembre 1826, sur les marchés au compte de l'État.

Tout marché de gré à gré devra être autorisé par le ministre.

Art. 83.

Un tarif, arrêté tous les quinze jours par le maire, contiendra le prix du pain et autres aliments et objets dont la vente aux détenus aura été autorisée.

Art. 84.

Les détenus débiteurs de l'État par suite de condamnations pour crimes, délits ou contraventions, sont, aux termes du décret du 4 mars 1808 et de la loi du 17 avril 1832, soumis, pour ce qu concerne le régime alimentaire, à la règle commune de la maison.

CHAPITRE III.

DU TRAVAIL DES DÉTENUS.

ART. 85.

Des travaux seront organisés dans chaque prison, de manière à ne laisser aucun condamné oisif.

Un arrêté du préfet, pris sur l'avis du sous-préfet, du maire et de la commission de surveillance, déterminera le mode d'organisation et de comptabilité du travail.

ART. 86.

Tout condamné qui, sans excuse valable, refusera de travailler, sera mis au pain et à l'eau, sans préjudice des autres punitions, s'il y a lieu.

ART. 87.

Il sera disposé du produit du travail des condamnés de la manière déterminée par l'article 12 de l'ordonnance royale du 2 avril 1817 (1).

ART. 88.

Les prévenus et les accusés pourront être employés, sur leur demande, aux travaux admis dans la prison. Dans ce cas, ils seront assujétis à la règle commune prescrite pour l'organisation et la discipline du travail.

Le produit de leur travail leur appartiendra. Toutefois une portion de ce produit pourra être mise en réserve, suivant la position du prévenu, pour ne lui profiter qu'après jugement. Il sera statué à cet égard par le préfet ou par le sous-préfet, sur la proposition de la commission de surveillance.

(1) Art. 12. « Le produit du travail sera divisé en trois parties : un tiers appartiendra à la maison (Code pénal, art. 41) ; un tiers sera remis au détenu ; le dernier tiers lui appartiendra également, mais sera tenu en réserve pour lui être remis à sa sortie, à moins qu'il n'en soit autrement disposé à son profit, avec l'autorisation de notre ministre secrétaire d'état de l'intérieur. »

CHAPITRE IV.

RÉGIME DISCIPLINAIRE ET DE POLICE.

§ 1er.

Règles communes aux diverses classes de détenus.

ART. 89.

A défaut de maisons distinctes d'arrêt, de justice et de correction, les préfets, les sous-préfets et les maires veilleront à ce que les prévenus, les accusés et les condamnés renfermés dans la même maison y occupent des locaux séparés.

Les prisonniers de passage seront placés dans des chambres séparées. En aucun cas, ils ne pourront communiquer avec les autres détenus.

Les condamnés correctionnels ou criminels resteront, jusqu'à leur transfèrement au bagne ou à la maison correctionnelle, dans la maison d'arrêt ou de justice où ils étaient lors de leur condamnation. Ils y seront séparés des prévenus et des accusés.

Dans chacune des catégories ci-dessus, les détenus des deux sexes seront complètement et constamment séparés.

ART. 90.

Chaque détenu occupera un lit séparé. Il sera tenu de se déshabiller pour se coucher.

ART. 91.

Les prisonniers d'une même catégorie pourront seuls se promener ensemble dans le même préau, et être réunis dans le même chauffoir ou atelier, ou toute autre chambre qui en tiendra lieu.

ART. 92.

Sauf le cas d'autorisation spéciale accordée par le préfet ou par le sous-préfet, les visiteurs ne pourront communiquer avec les prisonniers qu'au parloir ou dans le local qui en tiendra lieu, et en présence des gardiens.

Les détenus de classes et de sexe différents ne pourront être admis en même temps au parloir.

En aucun cas, les visiteurs ne pourront boire ni manger avec les prisonniers.

La durée des visites sera déterminée par le règlement particulier de la prison, qui déterminera également si elles auront lieu tous les jours, ou seulement certains jours de la semaine.

Art. 93.

Toute communication avec les détenus est interdite aux repris de justice. Il n'y a d'exception que pour les père, mère, femme, mari, frères, sœurs, oncles, tantes, ou le tuteur du détenu.

Art. 94.

Il est expressément défendu d'exiger ou de recevoir quoi que ce soit d'aucun prisonnier entrant ou sortant, à titre de bien-venue, étrennes, droit de prévôt, ou à tout autre titre.

Art. 95.

Les détenus doivent obéir au directeur ou aux gardiens, en tout ce qu'ils leur prescrivent pour le maintien du bon ordre et l'exécution des règlements.

Art. 96.

Chaque prisonnier est obligé de faire son lit, et d'entretenir sa chambre ou la place qu'il occupe au dortoir, dans un état constant de propreté.

Les dortoirs et corridors seront balayés et lavés par les prisonniers, à tour de rôle.

Les condamnés seront, en outre, obligés de faire, à tour de rôle, tout ce qui leur sera prescrit pour la propreté et la salubrité de la prison.

Art. 97.

Dans les maisons où il y aura des locaux susceptibles d'être affectés spécialement à la réunion des prisonniers pendant le jour,

l'entrée des dortoirs leur sera interdite entre le lever et le coucher.

Art. 98.

Les jeux de toute sorte sont interdits.

Art. 99.

Aucun détenu ne pourra avoir de rasoirs à sa disposition, non
plus qu'aucun autre instrument, sans une autorisation spéciale dé-
livrée par le maire, sur l'avis de la commission de surveillance.

Art. 100.

Les chants et les cris sont défendus. Il en est de même de toute
conversation à voix haute, de toute réunion bruyante, et de toute
demande ou pétition collective.

Le silence est obligatoire pendant les repas, le travail et dans
les dortoirs.

Art. 101.

Toute infraction aux règles de la prison sera punie, suivant les
cas, de l'une des peines disciplinaires suivantes :

La privation de la promenade, de l'école, de visites, de correspondance, de secours du dehors, et de tout ou partie du produit
du travail ;

La mise au pain et à l'eau ;

La mise au cachot ;

La mise aux fers dans les cas prévus par l'art. 614 du Code
d'instruction criminelle ;

Le tout sans préjudice de la réparation pécuniaire des dégâts et
dommages causés, s'il y a lieu.

§ 2.

Règles particulières aux prévenus et accusés.

Art. 102.

Toutes les communications et autres facilités compatibles avec le bon ordre d'une prison seront accordées aux prévenus et aux accusés.

Comme ils doivent avoir le libre choix de leurs défenseurs, le tableau des avocats et des avoués de la localité demeurera affiché dans la maison d'arrêt et dans la maison de justice, ou dans les quartiers de la prison commune qui en tiendront lieu.

Art. 103.

Aucun prévenu ou accusé ne pourra avoir en sa possession au delà d'une somme de *cinq francs*. Le surplus devra être remis au gardien, qui en passera immédiatement écriture au compte du déposant.

§ 3.

Règles particulières aux condamnés.

Art. 104.

Les condamnés pourront recevoir des lettres et des secours du dehors, dans les limites du règlement de la maison.

Ils pourront, outre les aliments, recevoir du dehors tous autres objets autorisés, en se conformant aux prescriptions de l'article 62 du présent règlement.

Art. 105.

Ils pourront aussi, dans les mêmes limites, se procurer quelques adoucissements avec le produit de leur travail, ou à l'aide des secours de leurs parents ou amis.

En tout cas, l'article 3 de l'arrêté du 10 mai 1839, qui interdit aux condamnés des maisons centrales d'avoir de l'argent sur eux, sera appliqué aux condamnés détenus dans les prisons départementales.

Art. 106.

Hors les cas d'autorisations spéciales accordées par les préfets et sous-préfets, les condamnés ne pourront recevoir de visites. Sont exceptés toutefois les père, mère, femme, mari, frères, sœurs, oncles, tantes et tuteur, pour lesquels l'autorisation écrite du maire suffira.

Art. 107.

Hors les cas prévus par le présent règlement, aucune dérogation quelconque ne pourra être apportée à l'uniformité de la règle à laquelle les condamnés doivent être généralement et indistinctement soumis.

§ 4.

Règles particulières aux jeunes détenus.

Art. 108.

Tout enfant âgé de moins de seize ans, arrêté et incarcéré, doit être entièrement séparé, le jour comme la nuit, de tous autres détenus adultes.

Art. 109.

Les enfants mentionnés dans les articles 66, 67 et 69 du Code pénal, qui ne sont détenus que pour un an et au dessous, ou qui, quoique détenus pour plus d'un an, n'auraient pas encore été transférés dans des maisons centrales d'éducation correctionnelle, seront enfermés dans des chambres ou quartiers séparés des maisons départementales d'arrêt, de justice ou de correction.

Art. 110.

Le placement en apprentissage des enfants jugés en vertu de l'article 66, et remis à la tutelle de l'administration départementale pour un an seulement, ne devra avoir lieu que lorsque l'enfant aura déjà été détenu pendant un certain temps.

Le préfet prendra, en tout cas, l'avis de la commission de surveillance.

Art. 111.

Les jeunes filles acquittées, mais retenues pour un an, en vertu de l'article 66 du Code pénal, pourront être placées par le préfet dans des maisons de refuge ou de charité autorisées à les recevoir.

§ 5.

Règles particulières aux enfants détenus par voie de correction paternelle.

ART. 112.

Les enfants détenus par voie de correction paternelle, conformément aux articles 375 et suivants du Code civil, seront renfermés dans des quartiers séparés des maisons d'arrêt, de justice ou de correction, où ils devront être soumis au régime cellulaire de jour et de nuit.

Les familles pourvoiront aux frais de nourriture et d'entretien de ces enfants, à moins que, pour cause d'indigence, le ministre n'en ait autorisé le paiement sur le fonds des dépenses ordinaires de la prison, sur la proposition du préfet.

ART. 113.

Il ne sera fait aucune mention, sur les registres de la prison, des noms des enfants détenus par voie de correction paternelle, ni des motifs de leur incarcération. (*Art. 378 du Code civil.*)

Il suffira au gardien, pour justifier au besoin de la légalité de la détention de l'enfant, d'exhiber à qui de droit l'ordre même d'arrestation délivré par le président du tribunal civil.

ART. 114.

A défaut de local spécial et convenable, les jeunes filles détenues par voie de correction paternelle pourront être renfermées dans des maisons de refuge et de charité autorisées à les recevoir.

§ 6.

Règles particulières aux détenus pour dettes.

ART. 115.

Dans les maisons qui ne leur sont pas exclusivement affectées, les détenus pour dettes occuperont des locaux séparés. Aucune communication ne leur sera permise avec les autres prisonniers.

Art. 116.

Le règlement particulier de chaque prison déterminera les autres règles disciplinaires auxquelles seront soumis les débiteurs envers les particuliers ou envers l'État.

CHAPITRE V.

RÉGIME MORAL ET RELIGIEUX.

Art. 117.

Tous les condamnés catholiques assisteront à la messe, aux autres exercices de leur culte et à l'instruction religieuse.
Les jeunes détenus iront au catéchisme.

Art. 118.

Les détenus seront placés dans la chapelle, suivant les classifications voulues par l'article 89 du présent règlement.

Art. 119.

Les détenus qui appartiendront à un des autres cultes reconnus par l'État recevront les secours religieux du ministre de leur communion.

Art. 120.

Il sera établi dans chaque prison un dépôt de livres à l'usage des détenus. Le choix de ces livres sera approuvé par le préfet, sur l'avis du maire et celui de la commission de surveillance.
Aucun autre ouvrage ou imprimé quelconque ne pourra être introduit dans la prison, soit pour les condamnés, soit pour les prévenus, sans une autorisation spéciale du préfet.

Art. 121.

L'enseignement primaire élémentaire pourra être donné à ceux des détenus que la commission de surveillance jugera dignes et capables de profiter de cet enseignement.

Art. 122.

Chaque condamné aura un compte moral ouvert au moyen d'un bulletin individuel, sur lequel le directeur ou le gardien-chef, l'aumônier, l'instituteur et les membres de la commission de surveillance inscriront leurs observations et avis.

Ce bulletin sera tenu d'une manière uniforme dans toutes les prisons de France, et conformément au modèle donné par le ministre de l'intérieur.

CHAPITRE VI.

DISPOSITIONS GÉNÉRALES.

Art. 123.

Le maire ne pourra déléguer l'exercice de son autorité dans la prison qu'à un de ses adjoints.

Art. 124.

Indépendamment des visites que les commissions de surveillance devront faire, conformément au règlement de leur institution, et de celles que doivent faire les préfets et les maires, aux termes des articles 611 et 612 du Code d'instruction criminelle, les sous-préfets feront, au moins tous les mois, une visite spéciale dans les prisons du chef-lieu de leur arrondissement. Ils rendront compte de leurs observations au préfet.

Art. 125.

Les préfets et les sous-préfets s'assureront, lors de leurs tournées annuelles pour le recrutement, et autres tournées, de l'état des chambres de sûreté annexées aux casernes de gendarmerie, maisons de dépôt et de police municipale.

Art. 126.

Il sera fait un règlement spécial pour les prisons qui seront construites d'après le système de l'emprisonnement individuel.

ART. 127.

Des hommes appartenant à une corporation religieuse ne pourront être introduits dans les prisons départementales pour y exercer des fonctions quelconques sans une autorisation préalable du ministre.

ART. 128.

En outre des prescriptions contenues dans le présent règlement général, un règlement particulier déterminera, pour chaque prison départementale, toutes les autres mesures d'ordre, de discipline, de propreté et de salubrité, ainsi que toutes les mesures de police locale et de détail, qui pourront y recevoir leur exécution.

Ce règlement, proposé par la commission de surveillance et arrêté par le préfet, sur l'avis du maire et celui du sous-préfet, sera, avant son exécution, soumis à l'approbation du ministre de l'intérieur.

Il sera, après cette approbation, imprimé et distribué à chacun des membres de la commission de surveillance et à tous les gardiens.

ART. 129.

Un extrait du présent règlement général et du règlement particulier restera constamment affiché dans les divers quartiers de la prison. Cet extrait, certifié conforme par le préfet, renfermera les dispositions relatives aux devoirs des détenus.

Paris, le 30 octobre 1841.

Le Ministre secrétaire d'état au département de l'intérieur,

T. DUCHATEL.

TABLE DES MATIÈRES.

www.ingramcontent.com/pod-product-compliance
Lightning Source LLC
Chambersburg PA
CBHW051402050726
47595CB00006B/2678